MW00882899

# LA MEJOR VERSIÓN DE MI

# LA MEJOR VERSIÓN DE MI

Copyright © 2023 *DANO DES*
All Rights Reserved

This product is protected by copyright and distributed under
licenses restricting copying, distribution, and decompilation.

# Tabla de contenido

# Autoconocimiento

El autoconocimiento es el proceso de aprender sobre uno mismo a través de la reflexión y la introspección. Para convertirse en la mejor versión de uno mismo, es fundamental comprender las fortalezas, debilidades, valores y pasiones que definen quién eres y lo que te impulsa.

Una herramienta valiosa para el autoconocimiento es la autoevaluación. Esto puede implicar preguntarse a uno mismo sobre lo que te gusta, lo que no te gusta, cuáles son tus miedos, tus objetivos, tus habilidades y tus debilidades. Al reflexionar sobre estas preguntas, puedes descubrir más sobre ti mismo y lo que te motiva.

Otra técnica para el autoconocimiento es llevar un diario personal. Escribir sobre tus pensamientos, sentimientos y experiencias diarias puede ayudarte a comprender mejor tus patrones de comportamiento y pensamiento, así como a descubrir nuevas ideas y metas para tu vida.

Las pruebas de personalidad y evaluaciones pueden ser otra herramienta valiosa para el autoconocimiento. Estas pruebas pueden ayudarte a comprender mejor tus rasgos de personalidad, tus preferencias y tus habilidades. Aunque estas pruebas no deben definirte completamente, pueden ser una guía útil para comprender mejor tu comportamiento y pensamiento.

El autoconocimiento también puede implicar enfrentar tus miedos y desafíos. Al enfrentar tus miedos y debilidades, puedes descubrir nuevas fortalezas y habilidades. Al superar los desafíos, puedes aumentar tu confianza y autoestima.

La meditación y la atención plena son técnicas que pueden ayudar a mejorar el autoconocimiento. Al tomarte el tiempo para meditar y enfocarte en el momento presente, puedes aprender a comprender tus pensamientos y sentimientos de una manera más profunda.

Trabajar con un coach o terapeuta también puede ser una forma efectiva de mejorar el autoconocimiento. Estos profesionales pueden proporcionarte herramientas y técnicas para ayudarte a comprender mejor tus fortalezas, debilidades, valores y pasiones.

Es importante recordar que el autoconocimiento es un proceso continuo. A medida que cambia tu vida y evolucionas como persona, es importante seguir reflexionando y evaluando tus valores, objetivos y motivaciones. La clave para convertirse en la mejor versión de uno mismo es estar siempre dispuesto a aprender y crecer.

# Establecimiento de objetivos

El establecimiento de objetivos es un proceso importante para avanzar en la dirección deseada en la vida. Los objetivos son un mapa que nos muestra cómo llegar a donde queremos estar. Establecer objetivos significativos y realistas es crucial para ayudarnos a alcanzar nuestras metas.

El primer paso en el proceso de establecimiento de objetivos es definir qué es lo que deseamos lograr. Los objetivos deben ser específicos, medibles, alcanzables, relevantes y con un tiempo determinado (SMART). Al establecer objetivos claros, podemos enfocar nuestras energías y recursos en lo que es importante para nosotros.

El establecimiento de objetivos también implica establecer un plan de acción para lograrlos. Esto significa identificar las etapas necesarias para alcanzar nuestros objetivos y establecer un cronograma para cada una de ellas. Un plan de acción puede ayudarnos a mantenernos enfocados y motivados a medida que avanzamos hacia nuestras metas.

Es importante establecer objetivos realistas que se ajusten a nuestras habilidades, recursos y limitaciones. Si establecemos objetivos demasiado altos o fuera de nuestro alcance, es posible que nos sintamos frustrados o desmotivados. Por otro lado, si los objetivos son demasiado fáciles, es posible que no nos sintamos desafiados o motivados para alcanzarlos.

Los objetivos deben estar alineados con nuestros valores y nuestras prioridades. Al establecer objetivos significativos que estén alineados con lo que es importante para nosotros, es más probable que mantengamos nuestro enfoque y motivación a medida que avanzamos hacia nuestras metas.

El establecimiento de objetivos puede ser una herramienta poderosa para aumentar nuestra autoestima y confianza en nosotros mismos. Cuando establecemos y alcanzamos objetivos, nos sentimos capaces y empoderados para enfrentar desafíos mayores en el futuro.

Para lograr nuestros objetivos, también debemos estar dispuestos a hacer ajustes a medida que avanzamos. Es importante ser flexible y estar abiertos a cambios en el camino. Si encontramos obstáculos en nuestro camino, es importante recordar que estos pueden ser oportunidades para crecer y aprender.

Es importante celebrar nuestras victorias a medida que alcanzamos nuestros objetivos. La celebración de nuestros logros puede ayudarnos a mantenernos motivados y a recordar por qué es importante establecer objetivos significativos en nuestra vida. Al celebrar nuestras victorias, también podemos reconocer todo el trabajo duro y el esfuerzo que pusimos para alcanzar nuestras metas.

# Desarrollo de habilidades

El desarrollo de habilidades es una parte fundamental para ser la mejor versión de uno mismo. Al mejorar nuestras habilidades, podemos aumentar nuestra eficacia en el trabajo, nuestras relaciones interpersonales y nuestras metas personales. Además, desarrollar nuevas habilidades puede ser emocionante y motivador.

Una de las habilidades clave que debemos desarrollar es la comunicación efectiva. La comunicación es importante en todas las áreas de la vida, desde las relaciones personales hasta el trabajo. Al mejorar nuestras habilidades de comunicación, podemos ser más efectivos en la transmisión de ideas, negociación y resolución de conflictos.

Otra habilidad importante es la toma de decisiones. Las decisiones que tomamos pueden tener un gran impacto en nuestras vidas, por lo que es importante desarrollar habilidades para tomar decisiones informadas y eficaces. Esto implica aprender a evaluar opciones, considerar consecuencias y tomar decisiones que estén alineadas con nuestros objetivos.

La resolución de problemas es otra habilidad importante que debemos desarrollar para ser la mejor versión de nosotros mismos. Aprender a resolver problemas de manera eficaz implica aprender a identificar el problema, considerar las posibles soluciones y tomar medidas para implementar la mejor solución.

El desarrollo de habilidades también implica aprender nuevas habilidades técnicas y profesionales relevantes para nuestros objetivos. Esto puede incluir aprender a programar, mejorar habilidades de marketing o desarrollar habilidades de liderazgo. Al desarrollar habilidades técnicas relevantes, podemos ser más efectivos en nuestro trabajo y avanzar en nuestra carrera.

También es importante desarrollar habilidades emocionales y sociales. Esto incluye habilidades como la inteligencia emocional, la empatía y la capacidad de trabajar en equipo. Estas habilidades pueden ser críticas para el éxito en el trabajo y las relaciones personales.

Para desarrollar nuevas habilidades, es importante buscar oportunidades de aprendizaje y crecimiento. Esto puede incluir tomar cursos en línea, asistir a talleres y conferencias, leer libros relevantes y buscar mentores y mentores.

Finalmente, para desarrollar habilidades de manera efectiva, es importante establecer metas y objetivos específicos y medibles. Al establecer metas, podemos enfocar nuestra energía y recursos en desarrollar habilidades relevantes y medir nuestro progreso a medida que avanzamos hacia nuestros objetivos. Al hacer esto, podemos asegurarnos de que estamos haciendo un progreso real en nuestra búsqueda para ser la mejor versión de nosotros mismos.

# Manejo del tiempo

El manejo del tiempo es un aspecto clave para ser la mejor versión de uno mismo. La forma en que utilizamos nuestro tiempo puede tener un gran impacto en nuestro éxito y en nuestro bienestar general. Por lo tanto, es importante aprender a administrar nuestro tiempo de manera efectiva.

Una de las estrategias clave para el manejo del tiempo es la planificación. Es importante planificar nuestras tareas diarias y semanales para asegurarnos de que estamos utilizando nuestro tiempo de manera efectiva. Esto nos permite establecer prioridades, identificar tareas importantes y asegurarnos de que estamos avanzando hacia nuestros objetivos.

Otra estrategia clave es la eliminación de distracciones. Las distracciones pueden ser una gran barrera para la productividad y pueden llevar a la procrastinación. Por lo tanto, es importante identificar las distracciones y encontrar formas de eliminarlas. Esto puede incluir apagar el teléfono celular, cerrar las pestañas del navegador y encontrar un lugar tranquilo para trabajar.

El establecimiento de límites también es una estrategia importante para el manejo del tiempo. Es importante aprender a decir "no" a las solicitudes que no son importantes o urgentes. También es importante establecer límites en el tiempo que dedicamos a actividades como las redes sociales y el correo electrónico.

La automatización y la delegación también pueden ser herramientas útiles para el manejo del tiempo. Al automatizar tareas repetitivas, como el correo electrónico o la contabilidad, podemos ahorrar tiempo y energía. Delegar tareas a otros miembros del equipo también puede ayudar a maximizar nuestro tiempo y enfocarnos en las tareas más importantes.

El uso de herramientas y aplicaciones de gestión del tiempo también puede ser beneficioso. Hay muchas aplicaciones disponibles que pueden ayudarnos a organizar nuestras tareas, establecer recordatorios y monitorear nuestro progreso.

La gestión del tiempo también implica aprender a manejar el estrés y la presión. Es importante encontrar formas de relajarse y reducir el estrés, como el ejercicio, la meditación y la respiración profunda. Esto nos permite manejar mejor el tiempo y mantener la energía y la motivación necesarias para avanzar hacia nuestros objetivos.

Finalmente, es importante recordar que el manejo del tiempo es un proceso constante y en evolución. Necesitamos estar dispuestos a adaptar y ajustar nuestras estrategias de gestión del tiempo a medida que cambian nuestras necesidades y objetivos. Al hacerlo, podemos asegurarnos de que estamos utilizando nuestro tiempo de manera efectiva para ser la mejor versión de nosotros mismos.

# Salud y bienestar

La salud y el bienestar son fundamentales para convertirse en la mejor versión de uno mismo. Esto implica cuidar tanto el cuerpo como la mente. Algunas de las claves para lograr una buena salud y bienestar incluyen la nutrición, el ejercicio, la meditación y el autocuidado.

Una nutrición adecuada es esencial para el bienestar general. Esto incluye comer una dieta equilibrada y variada que contenga una variedad de nutrientes, como proteínas, grasas saludables, carbohidratos complejos, vitaminas y minerales. Además, es importante evitar los alimentos procesados y azucarados, ya que pueden afectar negativamente nuestra salud.

El ejercicio es otro componente importante del bienestar. El ejercicio regular puede ayudarnos a mantener un peso saludable, mejorar la fuerza y la flexibilidad, y reducir el riesgo de enfermedades crónicas. Además, el ejercicio también puede ayudar a mejorar nuestro estado de ánimo y reducir el estrés.

La meditación y la atención plena son técnicas que pueden ayudarnos a manejar mejor el estrés y la ansiedad. Estas prácticas implican la concentración en el presente y la aceptación de nuestros pensamientos y emociones. Al hacerlo, podemos reducir el estrés y mejorar nuestro bienestar emocional.

El autocuidado también es una parte importante del bienestar general. Esto implica encontrar tiempo para hacer las cosas que disfrutamos y que nos hacen sentir bien, como leer un libro, tomar un baño relajante o practicar un hobby. Al hacerlo, podemos reducir el estrés y mejorar nuestro bienestar emocional.

También es importante cuidar nuestra salud mental. Esto puede incluir hablar con un terapeuta o consejero, practicar técnicas de relajación y meditación, y encontrar formas de reducir el estrés en nuestra vida diaria.

Dormir lo suficiente también es fundamental para el bienestar general. El sueño es esencial para la reparación y el mantenimiento del cuerpo y la mente. La falta de sueño puede afectar negativamente nuestra salud mental y física.

Finalmente, es importante recordar que la salud y el bienestar son un proceso constante y en evolución. Necesitamos estar dispuestos a adaptar y ajustar nuestras prácticas de salud y bienestar a medida que cambian nuestras necesidades y objetivos. Al hacerlo, podemos asegurarnos de que estamos cuidando nuestra salud y bienestar de la mejor manera posible y convirtiéndonos en la mejor versión de nosotros mismos.

# Gestión del estrés

La gestión del estrés es crucial para lograr cualquier objetivo y convertirse en la mejor versión de uno mismo. El estrés puede ser un obstáculo importante para la productividad, la creatividad y el bienestar emocional.

Una de las técnicas más efectivas para manejar el estrés es la meditación y la atención plena. Estas prácticas nos ayudan a concentrarnos en el presente y aceptar nuestros pensamientos y emociones. Al hacerlo, podemos reducir el estrés y mejorar nuestro bienestar emocional.

La práctica regular de ejercicio también puede ayudar a reducir el estrés. El ejercicio libera endorfinas, lo que nos hace sentir bien y reduce el estrés. Además, el ejercicio también puede mejorar nuestra salud física, lo que puede reducir el estrés relacionado con la salud.

Dormir lo suficiente es otro factor clave para la gestión del estrés. La falta de sueño puede afectar negativamente nuestra salud mental y física, y aumentar el estrés. Es importante asegurarse de dormir lo suficiente para mantener la energía y reducir el estrés.

La planificación y organización también son técnicas efectivas para la gestión del estrés. Al planificar y organizar nuestras tareas y objetivos, podemos reducir el estrés relacionado con la carga de trabajo y el tiempo.

La comunicación efectiva también puede ayudar a reducir el estrés. Al comunicarnos de manera clara y efectiva con los demás, podemos evitar malentendidos y reducir el estrés en nuestras relaciones.

La relajación y el autocuidado también son importantes para la gestión del estrés. Tomarse un tiempo para relajarse y hacer cosas que nos gusten puede reducir el estrés y mejorar nuestro bienestar emocional.

Finalmente, es importante aprender a reconocer los síntomas del estrés y buscar ayuda si es necesario. Hablar con un terapeuta o un consejero puede ser beneficioso para manejar el estrés y desarrollar estrategias para reducirlo en el futuro.

En resumen, la gestión del estrés es crucial para alcanzar los objetivos y convertirse en la mejor versión de uno mismo. Hay muchas técnicas y estrategias efectivas para manejar el estrés, incluyendo la meditación y la atención plena, el ejercicio regular, la planificación y organización, la comunicación efectiva, la relajación y el autocuidado, y buscar ayuda profesional si es necesario. Al implementar estas técnicas en nuestra vida diaria, podemos reducir el estrés y mejorar nuestro bienestar emocional y físico.

# Desarrollo de relaciones

Comunicación efectiva: La comunicación es fundamental para construir relaciones positivas y significativas. La capacidad de comunicarse de manera clara y efectiva puede ayudar a resolver conflictos, establecer expectativas y construir confianza en una relación.

Empatía: La empatía es la capacidad de entender y sentir lo que otra persona está experimentando. Al ser empático, se pueden establecer relaciones más fuertes y duraderas, ya que las personas sienten que son entendidas y valoradas.

Respeto mutuo: El respeto mutuo es esencial para cualquier relación saludable. Es importante respetar las opiniones, valores y límites de los demás, al mismo tiempo que se establecen límites personales y se espera ser respetado.

Compromiso: Las relaciones requieren compromiso para tener éxito. Es importante estar dispuesto a dedicar tiempo y energía a construir y mantener relaciones significativas.

Asertividad: La asertividad es la habilidad de expresar pensamientos, sentimientos y necesidades de manera clara y directa, sin agredir a los demás. Al ser asertivo, se puede establecer límites saludables y comunicar de manera efectiva.

Resolución de conflictos: Los conflictos son inevitables en cualquier relación, pero es importante tener habilidades para resolverlos de manera efectiva. Al aprender técnicas de resolución de conflictos, se pueden manejar las diferencias de manera saludable y constructiva.

Construir relaciones significativas: Las relaciones significativas pueden agregar valor y significado a la vida de uno. Es importante buscar y cultivar relaciones que sean significativas y satisfactorias.

Manejo de relaciones tóxicas: A veces, las relaciones pueden ser tóxicas y dañinas. Es importante reconocer cuándo una relación no es saludable y tener las habilidades para poner fin a esa relación o establecer límites adecuados para protegerse a uno mismo.

# Resiliencia

Adaptabilidad: La capacidad de adaptarse a situaciones nuevas y cambiantes es fundamental para desarrollar resiliencia. Las personas resilientes son capaces de encontrar soluciones creativas y aprovechar oportunidades en momentos de cambio.

Redes de apoyo: Las relaciones de apoyo pueden ser una fuente importante de resiliencia. Contar con amigos, familiares o mentores que brinden apoyo emocional puede ayudar a superar desafíos y mantener la motivación.

Enfoque en el futuro: Las personas resilientes tienden a tener un enfoque en el futuro y una actitud positiva hacia el cambio. Al centrarse en las oportunidades y no solo en los desafíos, se puede desarrollar una mentalidad resiliente.

Autocuidado: El autocuidado es fundamental para desarrollar resiliencia. Al cuidar la salud física y mental, se puede aumentar la capacidad de superar los desafíos y mantener la motivación.

Toma de decisiones: Las personas resilientes suelen ser capaces de tomar decisiones efectivas y bien informadas, incluso en situaciones de incertidumbre o estrés.

Aprendizaje y crecimiento: La resiliencia implica aprender de los desafíos y utilizar esos aprendizajes para crecer y mejorar. Al adoptar una mentalidad de crecimiento, se pueden ver los desafíos como oportunidades de aprendizaje y desarrollo.

Flexibilidad: La flexibilidad es otra habilidad importante para desarrollar resiliencia. Al ser flexible en la forma en que se abordan los desafíos, se pueden encontrar soluciones creativas y aprovechar oportunidades.

Superar la adversidad: La capacidad de superar la adversidad es la clave para desarrollar resiliencia. Las personas resilientes son capaces de enfrentar desafíos significativos y mantenerse enfocadas en sus objetivos a largo plazo, incluso cuando las cosas se ponen difíciles.

# Actitud positiva

La actitud positiva es una forma de pensar y ver la vida que se enfoca en lo bueno en lugar de lo malo. Esto significa encontrar oportunidades en los desafíos, ser agradecido por lo que se tiene y creer en uno mismo y en las posibilidades.

Una actitud positiva puede tener un gran impacto en la vida, tanto personal como profesional. Ayuda a mantener una perspectiva saludable, a tomar decisiones informadas y a manejar mejor el estrés.

Al igual que con cualquier habilidad, se puede trabajar en desarrollar una actitud positiva. Esto puede incluir practicar la gratitud, cambiar el diálogo interno y rodearse de personas positivas.

La gratitud es una herramienta poderosa para cultivar una actitud positiva. Agradecer lo que se tiene en lugar de centrarse en lo que falta puede ayudar a ver la vida de manera más positiva y mejorar el bienestar emocional.

La forma en que se habla consigo mismo también puede tener un impacto significativo en la actitud. Trabajar en cambiar el diálogo interno, de negativo a positivo, puede ayudar a desarrollar una actitud más optimista.

Rodearse de personas positivas también puede ser beneficioso. Pasar tiempo con personas que ven lo bueno en la vida puede ayudar a mantener una perspectiva saludable y a sentirse más optimista.

Practicar la autocompasión también es importante para mantener una actitud positiva. Aprender a ser amable consigo mismo, aceptar los errores y recordar que todos tienen momentos difíciles puede ayudar a reducir la autocrítica y aumentar la confianza.

Desarrollar una actitud positiva es una habilidad que se puede trabajar y mejorar con el tiempo. Al enfocarse en la gratitud, cambiar el diálogo interno, rodearse de personas positivas y practicar la autocompasión, se puede cultivar una actitud más optimista y ver la vida de manera más positiva.

# Creatividad

Exploración de la creatividad: Una forma de fomentar la creatividad es explorar diferentes medios creativos, como la escritura, la pintura o la música. La exploración de diferentes medios puede ayudar a los lectores a descubrir nuevas formas de expresión y encontrar su pasión creativa.

Encontrar inspiración: Encontrar inspiración es fundamental para fomentar la creatividad. Los lectores pueden buscar inspiración en la naturaleza, en obras de arte, en la música y en las personas que admiran. Además, la lectura de libros y la asistencia a eventos creativos también pueden ser fuentes de inspiración.

Romper con la rutina: La creatividad a menudo surge de la ruptura de la rutina. Los lectores pueden cambiar sus rutinas diarias para fomentar la creatividad, como caminar por un nuevo vecindario o visitar un nuevo museo.

Pensamiento divergente: La creatividad a menudo surge del pensamiento divergente, es decir, de pensar fuera de lo común. Los lectores pueden utilizar técnicas como el pensamiento lateral, la asociación libre y la tormenta de ideas para fomentar el pensamiento divergente.

Tomar riesgos: La creatividad a menudo implica tomar riesgos y probar cosas nuevas. Los lectores pueden animarse a tomar riesgos y a no tener miedo de equivocarse. La actitud de "fallar hacia adelante" puede ayudar a fomentar la creatividad.

Colaboración: La colaboración puede ser una fuente importante de creatividad. Los lectores pueden buscar a otros creativos con intereses similares y trabajar juntos en proyectos creativos. Además, la retroalimentación de otros creativos puede ayudar a fomentar la creatividad.

Incorporar la creatividad en la vida diaria: La creatividad no tiene que estar limitada a un proyecto específico. Los lectores pueden incorporar la creatividad en su vida diaria, como encontrar nuevas formas de cocinar o decorar su hogar.

La creatividad como hábito: Fomentar la creatividad puede convertirse en un hábito. Los lectores pueden hacer de la creatividad una parte regular de su vida, como reservar tiempo diariamente para proyectos creativos o para la exploración de nuevas formas de pensar.

# Autodisciplina

La autodisciplina es la capacidad de mantenerse enfocado y comprometido con un objetivo a pesar de las distracciones y tentaciones. Implica la capacidad de posponer la gratificación inmediata y trabajar hacia un resultado a largo plazo.

Para desarrollar la autodisciplina, es importante establecer objetivos claros y realistas. Esto puede ayudar a mantenerse motivado y enfocado en el resultado final.

Otra estrategia es crear un plan de acción detallado y seguirlo de manera rigurosa. Establecer un horario y una rutina diaria también puede ayudar a desarrollar la autodisciplina.

La práctica de la meditación y la atención plena también puede ayudar a desarrollar la autodisciplina. Estas prácticas ayudan a fortalecer la atención y la concentración, lo que puede ser útil para evitar distracciones y mantener el enfoque en los objetivos.

Es importante tener en cuenta que la autodisciplina no es una habilidad que se desarrolla de la noche a la mañana. Requiere esfuerzo y práctica constante para mejorar y mantenerla.

Otra estrategia es trabajar en la construcción de hábitos saludables y positivos. Establecer una rutina diaria puede ayudar a desarrollar la autodisciplina y hacer que sea más fácil resistir la tentación y mantenerse enfocado en los objetivos.

La autodisciplina también implica la capacidad de mantener el control emocional en situaciones estresantes o desafiantes. Practicar técnicas de manejo del estrés, como la respiración profunda o la visualización, puede ser útil en estas situaciones.

Finalmente, rodearse de personas que apoyen y fomenten la autodisciplina también puede ser útil. Los amigos y familiares que comparten los mismos objetivos y valores pueden proporcionar apoyo y motivación adicionales para mantener el enfoque y desarrollar la autodisciplina.

# Persistencia

La persistencia es la capacidad de mantenerse enfocado y continuar trabajando hacia un objetivo, incluso cuando se presentan obstáculos y desafíos. Esta cualidad es fundamental para lograr grandes metas y sueños a largo plazo.

Una de las formas de desarrollar la persistencia es establecer metas claras y realistas que se adapten a las habilidades y capacidades personales. Además, es importante tener un plan de acción detallado que permita avanzar de manera progresiva hacia el objetivo final.

La mentalidad y la actitud también juegan un papel importante en el mantenimiento de la persistencia. Una actitud positiva y optimista ayuda a mantener la motivación y la concentración, incluso cuando las cosas se vuelven difíciles.

La perseverancia también puede ser fortalecida por una comunidad de apoyo. Tener amigos, familiares o colegas que comparten los mismos objetivos o intereses y pueden brindar aliento y motivación en los momentos difíciles puede ser una gran ayuda.

En algunos casos, es posible que sea necesario ajustar el plan o cambiar la estrategia para lograr el objetivo final. La capacidad de adaptarse y ser flexible es importante para superar los desafíos y mantener la persistencia.

Es importante reconocer que el camino hacia el éxito no siempre es lineal y que habrá altibajos en el camino. Es normal experimentar fracasos y reveses, pero es crucial aprender de ellos y seguir adelante con renovada determinación.

La práctica y la repetición también son clave para desarrollar la persistencia. Al realizar tareas o actividades de manera consistente, se puede desarrollar una mayor resistencia y capacidad de concentración.

Finalmente, es importante celebrar los pequeños logros a lo largo del camino. Reconocer y celebrar el progreso puede proporcionar una gran motivación y aliento para continuar trabajando hacia los objetivos a largo plazo.

# CONCLUSIÓN

Convertirse en la mejor versión de uno mismo es un proceso continuo y en constante evolución. Requiere un compromiso y un esfuerzo consciente para desarrollar y mejorar diferentes aspectos de uno mismo, incluyendo el autoconocimiento, el establecimiento de objetivos, el desarrollo de habilidades, la gestión del tiempo, la salud y el bienestar, la gestión del estrés, el desarrollo de relaciones, la resiliencia, la actitud positiva, la creatividad, la autodisciplina y la persistencia.

El autoconocimiento es el primer paso fundamental en el camino hacia la mejor versión de uno mismo, ya que nos ayuda a comprender nuestras fortalezas, debilidades, valores y pasiones. El establecimiento de objetivos significativos y realistas es crucial para avanzar en la dirección que deseamos y mantenernos enfocados en lo que realmente importa. El desarrollo de habilidades relevantes para nuestros objetivos y visión personal nos permite ser más eficientes y efectivos en nuestras actividades diarias.

La gestión del tiempo es esencial para lograr cualquier objetivo y maximizar nuestra productividad, mientras que la atención a la salud y el bienestar, incluyendo la nutrición, el ejercicio, la meditación y el autocuidado, nos permite mantener un equilibrio saludable en nuestra vida. La gestión del estrés es crucial para superar los obstáculos y mantener la calma en situaciones difíciles, mientras que el desarrollo de relaciones positivas y significativas nos permite contar con un apoyo emocional en nuestro camino hacia la mejor versión de nosotros mismos.

La resiliencia nos ayuda a superar los desafíos y mantenernos en el camino hacia la mejor versión de nosotros mismos, mientras que una actitud positiva y optimista nos permite mantenernos motivados y enfocados en nuestras metas. La creatividad es fundamental para resolver problemas y alcanzar objetivos, mientras que la autodisciplina nos ayuda a mantener el enfoque en nuestros objetivos y superar los obstáculos.

Finalmente, la persistencia es fundamental para superar los desafíos y alcanzar los objetivos a largo plazo. El camino hacia la mejor versión de uno mismo no es fácil, pero con un compromiso y un esfuerzo consciente, podemos lograr nuestros objetivos y vivir una vida más plena y satisfactoria.

Convertirse en la mejor versión de uno mismo es un proceso continuo que requiere un enfoque holístico y un esfuerzo constante en diferentes áreas de la vida. Con una combinación de autoconocimiento, establecimiento de objetivos, desarrollo de habilidades, gestión del tiempo, atención a la salud y el bienestar, gestión del estrés, desarrollo de relaciones, resiliencia, actitud positiva, creatividad, autodisciplina y persistencia, podemos alcanzar nuestro potencial y vivir la vida que deseamos.

Made in the USA
Columbia, SC
13 August 2024

40412805R00033